AF257324

RELATION
DU VOYAGE

DE SON ALTESSE ROYALE

MGR. LE DUC DE BERRY,

DEPUIS

SON DÉBARQUEMENT A CHERBOURG,

JUSQU'A

SON ENTRÉE A PARIS.

IMPRIMÉ POUR M. PELTIER,
Rédacteur des *Actes des Apôtres*,
de *l'Ambigu*, etc. etc.

PARIS,

LE NORMANT, IMPRIMEUR-LIBRAIRE.

1814.

RELATION

DU VOYAGE

DE SON ALTESSE ROYALE

Mgr. LE DUC DE BERRY,

LE 13 avril 1814, le pavillon blanc avoit été arboré solennellement dans toute la rade de Cherbourg par M. le préfet maritime, à la tête des autorités de la marine, convoquées à cet effet. Cette cérémonie venoit d'être célébrée aux acclamations de toute la population et au bruit de nombreuses salves d'artillerie, quand, sur les dix heures du matin, l'apparition d'une frégate, portant le pavillon blanc au haut de son mât, mit le comble à l'allégresse publique. On ne douta point qu'elle ne fût montée par Mgr. le duc de Berry, dont on connoissoit l'arrivée à Jersey, et vers lequel une députation avoit été envoyée la veille dans cette île, pour le prier de vouloir bien débarquer à Cherbourg. C'étoit en effet la frégate anglaise *l'Eurotas*, armée de quatre caronades, qui conduisoit S. A. R. à Caen; mais le cœur du prince étoit impatient d'aborder la première terre de France; et à la vue du pavillon

1.

blanc qui attestoit que la ville de Cherbourg avoit reconnu son Roi légitime, S. A. R. changea de dessein, et demanda au capitaine anglais de le faire entrer dans la rade de Cherbourg.

A la vue de cette frégate, M. le général commandant la division, M. le préfet maritime et les principales autorités, s'empressèrent de monter dans des canots, et d'aller le plus loin possible au-devant du prince, lui offrir leurs hommages. S. A. R. daigna les accueillir avec la bonté la plus affectueuse, et entra dans la rade, où tous les vaisseaux étoient pavoisés, et la saluèrent de toute leur artillerie.

A peine *l'Eurotas* eut-il jeté l'ancre, que S. A. R. descendit avec sa suite pour se rendre à bord du vaisseau amiral, qui la salua une seconde fois de vingt et un coups de canon. Les cris de joie et les acclamations de l'équipage s'entendoient distinctement de la côte.

S. A. R. descendit ensuite seule dans le canot du vaisseau amiral, et vint, suivie des canots qui portoient sa suite, les autorités et beaucoup d'habitans, aborder au fond du grand port, au milieu de toute la population de la ville et des environs, pressée sur les quais, et ivre de joie de pouvoir contempler l'un des plus illustres rejetons de cette auguste maison de Bourbon, à qui la France a dû, depuis tant de siècles, son bonheur et sa gloire. Bien avant de débarquer, S. A. R. fut saluée par toute cette population, des cris mille fois répétés de *vive Louis XVIII!*

vivent les Bourbons! vive le duc de Berry! Dès qu'elle eut mis pied à terre, elle s'en trouva entourée au point de rester long-temps séparée de sa suite, composée de MM. le comte de la Ferronaye, son premier gentilhomme de la chambre; le comte de Nantouillet, son premier écuyer, et les comtes de Mesnard et de Clermont-Lodève, ses gentilshommes d'honneur.

Les fonctionnaires purent à peine adresser quelques mots au prince, tant il se laissoit approcher avec bonté par un peuple avide de le voir. Il sembloit même se complaire dans cette foule, au milieu de laquelle il laissa échapper des marques d'attendrissement qui redoublèrent l'émotion générale. Il fallut pour ainsi dire que S. A. R. fît un effort sur elle-même pour s'éloigner de cette scène touchante et se rendre à la voiture qui l'attendoit. La même foule et les mêmes cris de joie la suivirent pendant sa marche à l'hôtel de la préfecture maritime, dont les appartemens étoient disposés pour la recevoir, et où elle daigna accepter un dîner que M. le préfet maritime eut l'honneur de lui offrir.

Pendant ce temps, on illuminoit la ville et le port. Tout le public se réunissoit autour de la préfecture. La musique exécutoit les airs chéris de *la Paix,* de *Henri IV,* et de *Où peut-on être mieux qu'au sein de sa famille?* S. A. R. avoit la bonté de céder de temps en temps à l'empressement du public, en venant se montrer aux fenêtres; le public la remercioit aussitôt de cette complaisance, en redoublant ses cris de *vive le Roi ! vive le duc de Berry !*

Les autorités, les fonctionnaires publics, les chefs de corps de l'armée de terre et de mer, et de la garde nationale, les tribunaux civil, des douanes et de commerce, le clergé de la ville, eurent l'honneur d'être présentés à S. A. R., qui les accueillit avec un intérêt et une affection touchante; elle leur fit l'honneur de leur dire à tous des choses gracieuses. Les dames de la ville eurent aussi l'honneur d'être présentées au prince et de lui témoigner la part qu'elles prenoient à la joie qu'excitoit sa présence. Elles en furent également accueillies de la manière la plus aimable et la plus gracieuse.

La soirée fut terminée par une promenade que le prince voulut faire dans toutes les rues de la ville, en calèche découverte; il fit placer dans sa voiture M. le général de division, M. le général préfet maritime et le sous-préfet : la voiture marchoit au pas pour donner le temps au peuple de voir S. A. R., et de lui faire entendre les acclamations de sa joie.

La voiture étoit près de rentrer à l'hôtel de la Marine quand M. le comte de Nantouillet, venu d'Angleterre avec le prince, s'approcha de la voiture, et dit : « Monseigneur, voici un de mes camarades de l'armée de Condé, que j'ai l'honneur de présenter à V. A. R.; c'est M. de Chantort. » Le prince le salua affectueusement, et lui demanda si la blessure de sa main étoit guérie ? A cette touchante question, M. le sous-préfet de l'arrondissement s'écria : « Monseigneur, voilà bien la mémoire du cœur! » M. le général de division et M. le préfet maritime, mus par un même sentiment, répliquèrent aussitôt : « C'est la mémoire des Bourbons. »

Ce fut ainsi que se termina cette mémorable journée, où tous les regards, toutes les pensées, se tournèrent délicieusement sur le bel avenir qu'il n'est permis que depuis quelques jours aux Français d'espérer, et dont l'arrivée du prince fournissoit un si précieux gage.

Le 14, on vit reparoître en mer, de grand matin, le cutter envoyé la surveille au-devant de S. A. R. à Jersey : les deux bâtimens, ayant fait différentes routes, ne s'étoient point rencontrés ; les députés avoient eu au moins la satisfaction, à leur arrivée dans l'île, d'y apprendre que les habitans avoient fait tous leurs efforts pour être agréables au prince pendant son séjour au milieu d'eux ; qu'il y étoit chéri comme s'il eût appartenu à la famille de leur souverain, et qu'ils avoient saisi toutes les occasions de lui témoigner leur respect et leur amour. Le jour de son départ, ils l'avoient salué de dix-huit cents coups de canon ; le général Don, gouverneur de l'île de Jersey, prenoit plaisir à raconter aux députés qu'il avoit eu l'honneur de voir le prince pendant plusieurs années dans des situations difficiles et périlleuses, et qu'il s'y étoit toujours montré ferme, généreux, magnanime et supérieur à sa fortune. Les députés, aussitôt après leur retour, furent admis à présenter au prince leurs hommages et leurs regrets de n'avoir pas été assez heureux pour le rencontrer; il eut la bonté de leur répondre qu'il n'avoit pas été moins sensible à leur démarche ; ils eurent en même temps l'honneur de lui faire la remise des paquets dont ils étoient chargés. Ces députés étoient MM. de Latuolaye, Montagnès-Laroque, Groult, Guiffart, de Gigault, de Lachapelle et Dutot.

Le prince, de retour à son hôtel, reçut plusieurs gentilshommes qui s'étoient empressés de venir lui présenter leurs respects et l'assurance de leur dévouement à son auguste famille. S. A. R. les honora de l'accueil le plus affable, et les entretint avec cette touchante bonté qui la distingue. Elle remarqua dans l'appartement le général anglais sir John Doyle, gouverneur des îles de Guernesey et d'Aurigny, et lui fit l'honneur de l'entretenir un moment. Le prince n'oublia pas les pauvres de l'hospice ; ni quelques familles indigentes qui ont été averties de sa présence par ses bienfaits; il n'oublia pas non plus six cents conscrits réfractaires qui étoient consignés pour leur désobéissance dans plusieurs des forts de la côte, et auxquels il procura le bonheur de revoir leurs familles; il fit la même grâce aux marins détenus pour cause de désertion. Il ordonna aussi de remettre au capitaine de la frégate anglaise tous les prisonniers de cette nation qui pouvoient se trouver à Cherbourg.

Il daigna encore s'entretenir avec tous les fonctionnaires civils et militaires qui étoient là pour prendre ses derniers ordres. Ils le conduisirent jusqu'à sa voiture, où il mit le comble à leur satisfaction, en leur faisant la promesse de revenir à Cherbourg.

M. le général de division comte de Lorencez, qui a eu l'honneur d'accompagner S. A. R. jusqu'à Paris, prit place dans sa voiture. M. le préfet maritime eut l'honneur de l'accompagner jusqu'au-delà des limites de la ville.

Toute la garde nationale et les troupes de ligne bordoient la haie dans les rues par où le cortége passoit. La garde d'honneur à cheval et la gendarmerie escortoient les voitures qui alloient au pas, pour que le peuple pût le suivre et donner au prince un dernier témoignage de sa joie et de son amour. Les acclamations de *vive le Roi! vive le duc de Berry!* couvroient les sons de la musique militaire qui accompagnoit le cortége.

M. le sous-préfet, M. le maire et les adjoints, qui s'étoient rendus au-delà des limites de la ville, y ont reçu les derniers témoignages de la bonté de S. A. R., qui leur a assuré avoir éprouvé la plus vive satisfaction pendant le peu de temps qu'elle a passé dans la ville de Cherbourg. Le sous-préfet a eu l'honneur de lui répondre que tous les Français envieroient aux habitans de Cherbourg le bonheur qu'ils ont eu d'être les premiers à offrir à S. A. R. l'hommage de leur respect, de leur dévouement et de leur fidélité.

S. 'A. R., avant de partir, a permis que *le Polonois*, de quatre-vingt canons, monté par M. le contre-amiral Troude et par M. le capitaine de vaisseau Mequet, partît de la rade de Cherbourg pour aller prendre les ordres de S. M., et la conduire dans celui de ses ports qu'elle désignera. Il a appareillé par un vent de sud, le même jour, à six heures du matin, et sera arrivé probablement avant deux heures après midi, à Portsmouth.

S. A. R., partie à midi de Cherbourg, s'arrêta quelques heures à Valognes, où elle entendit le *Te Deum*, reçut les autorités, et fit à madame d'Ocqueville l'honneur de dîner chez elle.

S. A. R. arriva le 15, à une heure du matin, à Saint-Lo, où elle daigna descendre à l'hôtel de la préfecture. Elle reçut, à dix heures, les autorités constituées, et se rendit ensuite, au milieu des acclamations d'un peuple immense, à l'église paroissiale, où M. l'évêque de Coutances chanta un *Te Deum* en musique, en actions de grâces de cet heureux événement. A deux heures, S. A. R. partit pour Bayeux.

Aux approches de cette ville, le prince monta dans une calèche, où il daigna admettre M. le sénateur comte de Latour-Maubourg et M. le préfet du Calvados, venus à sa rencontre jusqu'aux limites du département, et à travers une foule innombrable, se rendit à la cathédrale, où un. *Te Deum* fut chanté. Toutes les mesures prises par la police devinrent inutiles. Le prince fut porté par la foule jusqu'au sanctuaire, où il ne put qu'entendre imparfaitement le discours que lui adressa M. l'évêque de Bayeux.

Avant d'entrer dans l'appartement qui lui avoit été préparé chez M. le maire, S. A. R. traversa la ville et consentit à allumer un feu de joie sur la place Saint-Sauveur. La calèche alloit au petit pas, et étoit sans cesse arrêtée par des vieillards, des femmes, des militaires qui baisoient les mains du prince, et que le prince pressoit contre son cœur. La ville étoit sablée, toutes les croisées ornées de drapeaux blancs, semés de fleurs de lis d'or. Avant son dîner, S. A. R. reçut les autorités, et le soir, les dames de la ville.

Dans ces diverses audiences, chacun a reçu de S. A. R. les témoignages les plus flatteurs d'une bonté pleine de grâces. Une des personnes admises à l'honneur de lui être présentées, et qui avoit eu celui de servir sous ses ordres, lui ayant dit : « Serois-je assez heureux, » Monseigneur, pour être reconnu de votre altesse ? » « Si je vous reconnois, mon cher S***, » lui a-t-il répondu en s'approchant de lui et » écartant ses cheveux ! Ne portez-vous pas sur » le front la cicatrice honorable d'une blessure » que vous avez reçue dans telle affaire ? »

Arrivé la veille à Saint Lo, à deux heures après minuit, fatigué d'une journée si agitée, si pleine d'émotion, le prince éprouvoit un pressant besoin de repos; il étoit dix heures du soir; mais le peuple qui entouroit son palais, exprimoit le désir de le voir encore. S. A. R. se rendit à ses vœux, et voulut même se promener à pied dans les quartiers de la ville. Tant de bonté ne permit plus à l'enthousiasme de connoître de bornes.

Il est inutile de dire que le départ de Bayeux fut, comme l'entrée, marqué par les transports de la plus vive allégresse. La garde nationale de la ville, commandée par M. de Latour-Dupin, fut remarquée par S. A. R., qui la passa en revue, et lui adressa des paroles flatteuses.

Nous omettions de dire que S. A. R. fit le même honneur aux élèves de l'école militaire de Saint-Germain, qui se trouvent maintenant à Bayeux, et qui lui furent présentés par M. le général baron de Maupoint. S. A. R. admira cette belle troupe cette jeunesse d'élite, pépinière de nobles et fidèles chevaliers.

Le 15, après avoir déjeûné chez M. l'évêque de Bayeux, S. A. R., entourée de la compagnie des gardes d'honneur à cheval, et suivie de la gendarmerie royale, arriva à deux heures après midi aux portes de la ville de Caen.

Une grande quantité de calèches et de voitures remplies de dames élégamment parées, et une foule de cavaliers, se trouvèrent sur la route, et grossirent le cortége, qui devint magnifique : toute la garde d'honneur à cheval, si leste, si brillante, les cuirassiers du quatrième régiment, les états-majors, la gendarmerie royale, la superbe garde nationale de Caen, commandée par M. Ch. d'Hautefeuille, avec ses sapeurs et ses pompiers, formoient la haie; tout concouroit à la beauté d'un spectacle qui, tout pompeux qu'il étoit, frappoit moins les regards qu'il ne touchoit les cœurs.

S. A. R. daigna accepter la calèche que M. le préfet lui avoit offerte, et qu'on avoit attelée de quatre chevaux de choix. S. A. R. s'étoit proposée de faire son entrée à cheval; mais elle ne voulut pas se séparer de M. le général comte de Lorencez, qui avoit été constamment dans sa voiture depuis Cherbourg, et dont les blessures ne lui permettoient pas de monter à cheval. Cette attention si délicate, cette preuve de l'estime pour l'armée dans l'un de ses chefs, fit la plus heureuse sensation parmi les troupes. M. le général baron de Laage, commandant la subdivision du Calvados, fut admis à l'honneur de monter dans la calèche de S. A. R.

A l'entrée de la ville, S. A. R. fut complimentée par M. le maire, entouré des adjoints et du conseil municipal, et d'un groupe nombreux de noblesse, de chevaliers de la légion d'honneur et de l'ordre royal et militaire de Saint-Louis.

Le cortége s'arrêta à l'église Saint-Etienne, où S. A. R. entendit le *Te Deum*, et reprit ensuite sa route à travers les rues Ecuyère, de Notre-Dame et de Saint-Jean, jusqu'à l'hôtel de M. le sénateur Latour-Maubourg, où son logement étoit préparé.

A Caen comme à Bayeux ; mais avec tout ce
que peuvent ajouter de pompe à de telles disposi-
tions les moyens d'une grande ville, les maisons
étoient ornées de drapeaux blancs, de fleurs de
lis, de guirlandes, de pavillons de toutes les na-
tions, en signe de réconciliation européenne.

Jamais pareille affluence, jamais plus d'attendrissement, plus de joie ! Les cris de *vive le Roi !*
*vive Monseigneur le Duc de Berry ! vivent les
Bourbons !* ne formoient qu'une seule acclama-
tion prolongée et soutenue. Le prince prodiguoit
à tous les marques de l'affabilité la plus aimable,
et on lisoit sur ses traits tout ce que son noble
cœur ressentoit d'affection pour les compatriotes
qu'il revoyoit après un si long et si douloureux
exil.

A cinq heures et demie, S. A. R. se rendit
dans les salons de l'hôtel-de-ville, où elle reçut
les autorités. Toutes ses réponses ont été remar-
quables par la libéralité des principes, la justesse
des réflexions et le sentiment qui en rehaussoit le
prix. Chacun s'est retiré profondément ému.

Un dîner de quatre-vingts couverts étoit dis-
posé dans les grandes salles du Muséum ; quinze
dames de la ville avoient été invitées, et l'on re-
marquoit parmi les convives MM. les ducs de
Grenade et de Villa-Hermosa, prisonniers de
guerre Espagnols qui, ce jour là même, avoient
reçu leur liberté.

Le public se pressoit à la porte de la salle,
S. A. R. ne voulut pas qu'on s'opposât à son em-

pressement; mais bientôt on alloit être témoin
d'une scène que la plume, le pinceau le plus
habile ne sauroient décrire et rendre. Des enfans
s'étoient approchés du fauteuil de S. A. R.; elle les
caressoit, les embrassoit. M. Joyau, avocat,
officier de la garde nationale, tenoit son jeune
fils par la main ; le prince appelle cet enfant, le
met sur ses genoux et l'embrasse. Le père, à cette
vue, verse des larmes abondantes ; l'émotion
dont le cœur du prince étoit rempli ne put plus
se contenir ; il se lève, serre M. Joyau dans ses
bras, se rejette au milieu de la foule, embrasse,
est embrassé, caressé, adoré. *Mes enfans, mes
chers Français, je suis à vous, tout à vous.* Le
délire est au comble ; on tombe à ses genoux ;
les cris de *vive le Roi! vive Monseigneur le Duc
de Berry!* se raniment avec d'indicibles transports ; tous les yeux sont en pleurs ; personne ne
peut continuer le repas. Le prince alloit suc-
comber à l'excès de telles sensations. Il se retira
dans les salons où S. A. R. put se remettre et
respirer.

C'est dans cet instant qu'une députation de la
Haute-Normandie, composée de MM. de Mar-
tainvile et Emmanuel Dambrai, lui fut présentée,
et lui demanda, au nom des habitans de Rouen,
de vouloir bien passer par cette ville en se ren-
dant à Paris. Le prince leur fit l'accueil le plus
gracieux, et leur promit de se rendre aux vœux
des habitans de Rouen.

S. A. R., digne fils de Henri IV, bon, populaire, spirituel comme ce grand Roi, est aussi comme lui chevalier courtois et galant. Point d'attentions charmantes qu'il n'ait eues pour les dames; avant de se retirer, il leur demanda la permission de leur baiser les mains, sans oser, disoit-il, prétendre à plus de faveur; mais toutes furent embrassées, et toutes l'embrassèrent avec attendrissement et respect.

S. A. R. se rendit ensuite à l'hôtel de la préfecture, où un cercle choisi l'attendoit : elle fut frappée de la richesse des parures, mais encore plus de la beauté de la plupart des dames, et de l'élégance, des manières et des grâces de toutes. A la fin d'un concert très-rapide, on chanta les couplets imprimés ci-après. S. A. R. se leva, vint à M. le préfet, et lui dit : « C'est pour m'achever, » monsieur le baron. » La veille, à Bayeux, il disoit, en se retirant dans son appartement: « Je » n'en puis plus ! j'en mourrai peut-être ! mais » je mourrai de joie. »

S. A. R. se retira à une heure et demie du matin, après une collation, dont elle fit elle-même les honneurs aux dames.

Le 17, à dix heures du matin, S. A. R. se rendit à l'église paroissiale de S. Jean, où elle entendit la grand'messe. Elle portoit l'habit de garde nationale. A la fin de la messe, M. l'évêque de Bayeux obtint la permission d'adresser au prince un compliment qui fit beaucoup d'impression, et fut suivi d'acclamations unanimes.

Rentrée dans son palais, S. A. R. reçut plusieurs

députations; entre autres celle du collége électoral du département , et des gentilshommes qui
n'avoient pu arriver assez à tems pour avoir l'honneur de lui être présentés. Elle se rendit ensuite
à la préfecture , où elle resta près de deux heures ;
et avant de rentrer chez elle, où des dames
devoient être admises à lui offrir leurs hommages,
elle parcourut deux fois les promenades , ayant
dans sa voiture M. le général baron de Laage ,
M. le préfet et M. le comte de la Ferronaye, précédée , entourée et suivie d'une foule immense ;
souvent la calèche fut arrêtée , et chaque fois se
renouvela une partie de la scène de l'hôtel-de-
ville.

S. A. R. vint, à cinq heures et demie, dîner à
la préfecture ; et se rendit au théâtre à sept
heures et demie du soir ; les loges étoient toutes
remplies de dames richement parées.

Un fauteuil avoit été placé à l'amphithéâtre
pour S. A. R. ; des chaises étoient disposées pour
les personnes qui devoient former sa cour, et les
officiers supérieurs militaires étoient répartis à
droite et à gauche sur des banquettes qui leur
avoient été réservées.

Aussitôt que le prince parut, tous les spectateurs se levèrent , et les cris de *vive le Roi! vive
Msr. le duc de Berry!* ébranlèrent la voûte de la
salle. Les dames chantèrent en chœur et à plusieurs reprises :

Air : *Vive Henri IV !*

Tout nous enchante
Dans ce prince chéri,
Bonté touchante
Nous peint le bon Henri ;
Que chacun chante :
Vive à jamais Berry.

On joua *la Partie de Chasse* et *le Déserteur*, opéra. Il seroit superflu de dire que toutes les allusions furent saisies avec enthousiasme ; le prince ne put résister au désir d'exprimer combien il étoit sensible à une telle réception. On chanta des couplets : l'un d'eux contenoit le serment de suivre constamment le panache de Henri IV au champ de la gloire : tous les spectateurs électrisés se levèrent à la fois, et les bras tendus, répétèrent ce serment aux cris réitérés de *vive le Roi !* Le spectacle se prolongea jusqu'à une heure après minuit, et S. A. R. ne voulut pas se retirer avant que la toile fût baissée, bien que son départ fût fixé au lendemain sept heures du matin.

Parmi les traits touchans qui marquèrent cette soirée, nous ne pouvons passer le suivant sous silence. Pendant l'entre-acte, la toile s'étant levée, l'on vit des groupes d'hommes, de femmes et d'enfans à genoux sur le devant de la scène. M. le maire les présenta à S. A. R., en lui disant : « Monseigneur, ce sont les prisonniers qui vous » doivent leur liberté ; daignez recevoir les témoi- » gnages de leur reconnoissance. » «Ah ! M. le

» maire, dit le prince vivement ému, vous ne pou-
» viez jamais me donner de plus douce fête ! »

Le 18, S. A. R. est partie de Caen à sept heures
du matin, pour aller à Rouen. Elle a reçu, au
moment de son départ, des honneurs semblables
à ceux qui lui avoient été rendus à son arrivée.
Aux témoignages de respect et d'attachement
qu'une foule empressée lui exprimoit à l'envi,
se mêloient les regrets de la voir s'éloigner.

S. A. R. en approchant de Lisieux, a trouvé
deux colonels en vedette, et plus loin M. le général comte de Bordesoult, à la tête de plusieurs
généraux et de tout son état-major, qui lui a pré-
senté la cavalerie du premier corps d'armée.
S. A. R. est montée à cheval avec tous les gentilshommes de sa suite, et s'est mise à la tête de
ces braves guerriers, qu'elle aime tant à voir,
à honorer, et qu'elle regarde comme le rempart
inexpugnable de la couronne et l'honneur de la
nation.

S. A. R. arriva à midi à Lisieux. Elle fut reçue
à l'entrée de la ville, et haranguée par M. le
sous-préfet, M. le maire, MM. les présidens des
tribunaux civil et de commerce à la tête de leurs
corps, et accompagnés du conseil municipal.

S. A. R. étoit à cheval, escortée par la garde
d'honneur, et accompagnée d'états-majors composés de généraux, de colonels de cuirassiers,
dragons et hussards, et des troupes qui étoient
allées au-devant du prince, et que S. A. R. avoit
passées en revue.

Le prince a été accueilli avec les témoignages de la plus vive allégresse. Il a traversé la ville au pas, au bruit du canon, au son des cloches, escorté par la garde urbaine et la gendarmerie, précédées de la musique. Les acclamations étoient générales, et partout éclatoient les cris répétés de *vive le Roi! vivent les Bourbons, vive Mgr le duc de Berry!* Les rues avoient été ornées de toiles ; presque à chaque habitation flottoit un drapeau blanc orné de fleurs de lis.

S. A. R. est descendue à l'hôtel de M. de Friardel, où elle a daigné accepter un déjeûner.

M. le sous-préfet, M. le maire, madame de Friardel et plusieurs dames de la ville ont eu l'honneur d'être admis à la table du prince ; chacun a reçu de S. A. R. l'accueil le plus gracieux et les témoignages les plus flatteurs de sa bonté.

S. A. R. est remontée en voiture à trois heures, suivie d'une foule immense de citoyens, et précédée des gardes d'honneur, qui l'ont accompagnée jusqu'aux confins du département.

A l'entrée du département de l'Eure, S. A. R. a trouvé M. le comte de Miramon, préfet de ce département, qui a eu l'honneur de lui présenter ses hommages et les témoignages de l'allégresse qu'inspiroit à ses administrés le bonheur de contempler l'auguste neveu de leur Roi. Les cris de *vive le Roi! vive le duc de Berry!* ont été mille fois répétés par les habitans des châteaux et des villages voisins, accourus au-devant de S. A. R. Elle a daigné descendre de voiture, et témoigner la satisfaction qu'elle éprouvoit en rentrant dans sa patrie, aux acclamations des Français. Elle a fait à M. le préfet plusieurs questions relatives à la situation de son département, et est remontée en voiture, en disant ces paroles touchantes, qui resteront gravées dans le cœur de toutes les personnes qui entouroient S. A. R. : *Plus de guerre, M. le préfet, plus de conscription ; encore quelques jours, et vos fonctions vont cesser d'être pénibles ; votre zèle n'aura plus d'autre but désormais que d'aider votre Roi à faire le bonheur de son peuple.*

S. A. R. a été reçue aux limites du département de la Seine-Inférieure par M. le comte de Girardin, préfet ; M. le baron de Stabenrath, général commandant le département, et M. de Gasville, sous-préfet de l'arrondissement.

Elle a trouvé dans l'endroit où elle a été complimentée par ces Messieurs, une garde royale, qui a sollicité et obtenu l'honneur de faire le service auprès de sa personne.

Cette garde étoit composée de l'élite de la jeunesse de la province, montée sur les plus beaux chevaux de la Normandie ; elle portoit un uniforme très-simple, mais qui produisoit en troupe un excellent effet. Tous ces jeunes gens étoient vêtus d'un frac bleu, avec une écharpe blanche et un panache de la même couleur.

Ce corps remarquable par sa tenue, son zèle et son amour pour l'auguste famille des Bourbons, étoit commandé par MM. de Slade, François-Odoard et Edouard Quesnel.

Quoiqu'il fût fort tard, la grande route étoit couverte de nombreuses populations, accourues des communes voisines pour jouir du bonheur de se trouver sur le passage d'un prince dont l'arrivée est le garant d'une paix prochaine, et l'annonce de la cessation de tous les maux qui pèsent depuis tant d'années sur la France et sur l'Europe entière.

Tous les villages étoient éclairés ; des feux de joie étoient allumés sur les places publiques ; les gardes nationales étoient sous les armes. Aux cris de l'allégresse dont l'air retentissoit, s'unissoient le bruit des cloches et les sons de musiques militaires, qui faisoient entendre des airs chéris, dont les refrains étoient répétés par tous les auditeurs.

C'est au milieu de ces témoignages de l'allégresse universelle que S. A. R. est arrivée à l'entrée de la ville de Rouen, où elle a reçu les honneurs dus à l'auguste rang qu'elle occupe dans l'Etat.

Elle a été complimentée à l'extrémité de l'avenue de Caen, par M. le baron Lézurier-de-la-Martel, maire de la ville, et MM. ses adjoints.

Une foule immense entouroit la voiture, et a demandé à dételer les chevaux, pour conduire elle-même le prince : S. A. R. a daigné se montrer sensible à ces témoignages d'amour, et a fait donner l'ordre aux postillons d'aller au pas.

S. A. R. a traversé pour se rendre à la préfecture, la rue de Saint-Sever, le pont de bateaux, les quais, le boulevard Cauchoise ; la rue de Crosne et la rue de Fontenelle.

L'illumination avoit été générale et spontanée : celle des casernes Saint-Sever a été remarquée par sa régularité et le bel effet qu'elle produisoit en se reflétant dans les eaux de la Seine. Une foule de devises ingénieuses, de drapeaux blancs ornés de fleurs de lis, de transparens, décoroient les portes et les fenêtres des habitations. Une immense population encombroit les avenues, les rues et les places publiques ; les fêtes les plus brillantes n'avoient jamais réuni un aussi grand concours de spectateurs, et c'est positivement ce concours qui faisoit tous les frais et tous les charmes de celui-ci.

S. A. R. est descendue à onze heures à l'hôtel de la préfecture ; les jardins, les cours et les bâtimens en étoient illuminés : le drapeau blanc flottoit sur la porte d'entrée.

Au pied de l'escalier, Mad. la comtesse de Girardin, S. Exc. Mgr. le maréchal Jourdan, le préfet, le général de Stabenrath, le sous-préfet, le maire et plusieurs autres fonctionnaires civils et militaires reçurent S. A. R., qui leur fit un accueil plein de bonté, et eurent l'honneur de l'accompagner jusque dans ses appartemens.

M. le général Lorencez, M. le comte de la Ferronaye, premier gentilhomme, et M. le comte de Nantouillet, premier écuyer, sont venus dans la voiture de S. A. R.

MM. les comtes de Mesnard et de Clermont-

Lodève, ses gentilshommes d'honneur, l'ont précédé de quelques instans.

Immédiatement après son arrivée, le prince se mit à table avec les personnes de sa suite, et MM. le général Lorencez et le chevalier de Brûlard.

Il permit à M. le préfet d'assister à son souper, pendant lequel il lui demanda divers renseignemens.

La foule n'a cessé d'entourer la préfecture pendant une partie de la nuit, dans l'espérance d'apercevoir S. A. R., et l'a saluée pendant plusieurs heures des cris de *vive Louis XVIII ! vive le duc de Berry ! vivent les Bourbons !*

Le mardi 20, S. A. R. se rendit à la cathédrale ; elle étoit dans une calèche découverte. Elle fit placer à côté d'elle S. Exc. Mgr. le maréchal Jourdan, et sur le devant, M. le comte de Girardin, et M. le comte de Nantouillet son premier écuyer.

La garde nationale et les troupes de ligne bordoient la haie.

Un détachement de la garde royale précédoit la voiture.

L'enthousiasme qui s'étoit manifesté lorsque S. A. R. traversa la place du Marché, se perpétua jusqu'à la cathédrale. Elle a été reçue à la porte d'entrée de cette église avec tous les honneurs qui lui sont dus, et conduite sous le dais jusque dans le chœur.

Son Em. le cardinal archevêque de Rouen a

entonné le *Te Deum*, qui a été suivi du *Domine salvum fac Regem*. Pendant toute la cérémonie, la plus vive émotion s'est manifestée sur la figure du prince. La cathédrale étoit remplie d'une foule immense empressée de prendre part à cet acte religieux, et que la sainteté du lieu pouvoit à peine empêcher de faire éclater les transports de sa joie.

Au retour du *Te Deum*, S. A. R. a reçu les autorités constituées et les personnes qui avoient sollicité l'honneur de lui être présentées. Tous les chefs des corps et des administrations ont complimenté le prince, qui leur a répondu avec infiniment de grâce et de bonté, et a adressé à chacun d'eux des mots flatteurs sur la manière distinguée dont ils remplissoient leurs fonctions.

L'audience a été souvent interrompue par les cris de *vive Louis XVIII ! vivent les Bourbons ! vive le duc de Berry !*

S. A. R. a daigné permettre que les élèves du lycée de Rouen lui fussent présentés par M. le recteur de l'académie et M. le proviseur de cet établissement, et a écouté avec bienveillance le compliment suivant qui lui a été adressé par M. Ernest de Girardin, l'un des élèves, au nom de tous :

Jusqu'ici c'étoit par l'histoire,
Et par les longs regrets de nos tristes parens,
Que nous avions connu les nobles sentimens,
De ce sang généreux qui fit long-temps la gloire

Et les délices des Français ;
   Mais l'allégresse générale
Que fait naître partout votre altesse royale ;
   Cet air de bonté, ces grands traits
Où l'on voit retracés les profonds caractères ;
Les plus rares vertus de vos augustes pères,
   Nous font enfin apprécier le deuil
     Où votre longue absence
     A trop long-temps plongé la France.
Nous sentons qu'un Français peut avoir de l'orgueil ;
Nous sentons le bonheur de notre destinée,
   Puisque l'enfance est réservée
   A voir par vos heureux travaux
Et briser tous nos fers et guérir tous nos maux.
   Honneur, fidélité, constance
   A l'illustre sang des Bourbons !
   Par vous, prince, nous le jurons ;
   Et c'est jurer par la vaillance.

Le prince s'est informé, avec beaucoup de détail, du régime intérieur du lycée, et a témoigné sa satisfaction de la bonne direction des études et des soins de tout genre donnés à la jeunesse dans cette utile institution.

A une heure, S. A. R. est montée à cheval : elle étoit accompagnée de ses gentilshommes et des états-majors de la quinzième division et du sixième corps d'armée ; elle se rendit à la tête de ce brillant et nombreux cortége sur le boulevard de Crosne, où toutes les troupes qu'elle devoit passer en revue étoient rangées en bataille. Elle adressa des paroles obligeantes et flatteuses aux chefs des différens corps, et parut profondément émue en contemplant les débris de tant de braves armées, et la quantité d'honorables blessures dont étoient couverts presque tous les militaires qui s'offroient à ses regards.

Toutes les troupes eurent l'honneur de défiler devant S. A. R., et toutes fixèrent son attention.

Ce spectacle véritablement imposant avoit attiré un concours immense, et les mêmes acclamations qui avoient précédé le duc de Berry continuèrent à se faire entendre pendant toute la durée de la revue.

A deux heures, le prince monta en calèche pour aller visiter des manufactures dans la belle et riche vallée de Déville. MM. de la Ferronaye, de Nantouillet, et M. le préfet étoient dans sa voiture. MM. de la garde royale l'escortoient, et M. de Slade, leur commandant, a toujours été à côté de la portière. La superbe route du Havre étoit couverte de personnes empressées de se trouver sur le passage de S. A. R. Toutes saluèrent le prince, et furent saluées par lui.

La belle manufacture de M. Pinel fut la première que S. A. R. visita. Elle fut frappée de la beauté de ce vaste établissement, dont les ateliers peuvent contenir près de huit cents ouvriers, mais qui est presque désert depuis quelques mois. M. Pinel fit remarquer à S. A. R. que le travail ne pourroit être rendu aux ouvriers qui languissent dans la misère, et qu'on ne pourroit voir l'industrie reprendre de l'activité, qu'autant que des lois bienfaisantes la prendroient sous leur protection spéciale, et empêcheroient les productions étrangères d'obtenir trop d'avantage sur les produits de nos fabriques.

Le prince parut sentir la justesse de ces observations, et promit qu'elles seroient prises en grande considération au moment où l'on s'occuperoit de la rédaction d'un traité de commerce.

En sortant de chez M. Pinel, S. A. R. passa dans la manufacture de M. Lefrançois, dont les murs sont mitoyens : elle y vit fabriquer la soude artificielle et d'autres produits chimiques, à l'usage des blanchisseries bertholiennes. M. Lefrançois fit remarquer au prince toute l'importance du genre d'industrie pratiqué dans cet établissement, qui tend à procurer au commerce une quantité de soude indigène suffisante pour ses besoins.

La belle teinturerie en rouge des Indes, de M. Desmarest, à Bapaume, fixa ensuite l'attention de S. A. R. : elle en a parcouru les ateliers avec un intérêt très-marqué.

S. A. R. fit donner aux ouvriers des manufactures qu'elle a visitées des preuves de sa libéralité.

S. A. R. s'est mise à table à six heures, et a daigné y admettre les principaux fonctionnaires civils et militaires, Mad. la comtesse de Girardin et Mad. la marquise de Nagu.

En sortant de dîner, le prince est entré dans la grande galerie de l'hôtel de la préfecture; il y a trouvé toutes les dames qui avoient sollicité l'honneur de lui être présentées. Il fut aimable et galant pour chacune de ces dames, qui furent touchées et attendries des attentions dont elles furent l'objet.

A neuf heures S. A. R. s'est rendue au spectacle avec S. Exc. le maréchal Jourdan et M. le préfet. Il leur fit l'honneur de les faire placer dans sa loge.

La salle étoit magnifiquement éclairée, et les dames, élégamment parées, presque toutes vêtues en blanc et coiffées avec des lis, occupoient toutes les loges dont elles étoient le plus bel ornement.

A l'entrée de S. A. R. dans la salle, à sa sortie et pendant tout le cours de la représentation, l'enthousiasme et l'allégresse excitées par sa présence, se sont manifestés par les plus vives acclamations.

On a représenté *les Deux Jaloux* et *la Partie de Chasse de Henri IV*. Des couplets analogues à la circonstance, et pleins d'à-propos et de talent, ont été chantés dans les deux pièces, et redemandés avec transport par les spectateurs : ils sont imprimés ci-après.

Pendant toute la journée, un peuple immense s'étoit porté devant le jardin de la préfecture, et exprimoit, par les cris les plus bruyans, le désir de pouvoir contempler le digne descendant du bon Henri. Le prince a bien voulu se rendre plusieurs fois à ce désir, et a paru profondément ému des témoignages d'amour et de respect qu'il a reçus de cette population ivre de joie.

Dans la soirée, toute la ville a été illuminée de la manière la plus brillante. Des drapeaux blancs, des transparens ingénieux présentoient de mille manières diverses les couleurs et les armes de l'auguste maison de Bourbon , et des devises analogues exprimoient , d'une manière souvent très-heureuse , les sentimens dont tous les cœurs étoient animés.

S. A. R. est partie de Rouen à minuit, avec M. le général Lorencez, MM. de la Ferronaye et de Nantouillet.

Au moment où S. A. R. alloit monter en voiture, M. le préfet lui a demandé si elle avoit été satisfaite de l'accueil qu'elle avoit reçu ici. Elle lui a répondu : « Je ne pourrois vous l'ex-» primer, mais bien vous le témoigner; » et en achevant ces paroles, elle pressa M. le préfet dans ses bras, et lui dit ensuite : « Comte de » Girardin, ni ma famille ni moi n'oublierons » jamais la conduite que vous avez tenue der-» nièrement. »

S. A. R. s'est rendue à Paris par la route de Pontoise, et a fait son entrée dans la capitale le 21. Un détachement de gardes à cheval s'étoit porté au-devant du prince jusqu'au-delà de Saint-Denis. La route étoit couverte des habitans de Saint-Denis et de la campagne, et d'un grand nombre d'habitans de Paris : à l'approche de S. A. R., l'air a retenti d'acclamations.

M. le prince de Neufchâtel a eu l'honneur de porter la parole à S. A. R. au nom de tous les

maréchaux de France , dans les termes sui-
vans :

« Monseigneur ,

» Les maréchaux de France et tous les généraux qui se trouvent à Paris éprouvent un grand
bonheur à féliciter V. A. R. , et à la voir rentrer
dans la capitale de ses ancêtres. C'est au nom de
toute l'armée que je viens exprimer à V. A. R.
les sentimens d'amour, de dévouement et de
fidélité qui l'animent pour le Roi et son auguste
famille. *Vive le Roi! vivent les Bourbons!* »

Tous les maréchaux, les officiers-généraux
présens et les personnes de la suite du prince,
les nombreux spectateurs qui les environnoient,
ont répété cette exclamation avec le plus vif
enthousiasme.

S. A. R. a répondu dans les termes les plus
affectueux et les plus honorables pour l'armée
française.

Le prince est entré à midi et demi dans Paris
par la barrière de Clichy, ayant le prince de
Neufchâtel à sa droite, et à sa gauche le maréchal Moncey.

Les autres maréchaux de France présens à
Paris, un nombre considérable de généraux et
officiers supérieurs, les gentilshommes de S. A. R.
et un corps nombreux de garde nationale formoient son cortége.

Le corps municipal de Paris attendoit S. A. R.

à la barrière. M. le préfet de la Seine lui a adressé le discours suivant :

« MONSEIGNEUR ,

» Que d'allégresse V. A. R. vient ajouter aux transports des habitans de la ville de Paris ! Le bonheur de la capitale ne sera complet que lorsqu'elle verra dans son sein, réunis autour de son Roi, tous les nobles rejetons de cette famille auguste, qui, dès le premier âge de cette ville célèbre, associa ses destinées à son existence, mit sa gloire dans sa splendeur, et sa jouissance dans la félicité de ses habitans. »

» Partout la présence de V. A. R. appelle l'amour des peuples ; le bruit de vos vertus, l'expression de ces sentimens et de cette bonté touchante, noble héritage des Bourbons, vous ont devancé : la France voit en vous l'une de ses plus hautes et plus chères espérances ! »

» Entrez dans ces murs qui furent le berceau de tant de bons rois et de grands princes issus d'un même sang. La pompe de cette cérémonie ne répond pas à notre empressement ; mais le cœur des Français fera tous les frais de cette fête touchante. V. A. R. le reconnoîtra dans leur élan unanime, et sa satisfaction s'accroîtra en embrassant un père dont les paroles et les actions font déjà les délices des Français et l'espoir de leur avenir. »

S. A. R. a accueilli ce discours avec bonté, et a répondu en ces termes :

« MESSIEURS,

» Mon cœur est trop ému dans ce moment pour pouvoir vous exprimer tous les sentimens qui m'agitent en me voyant au milieu des Français et de cette bonne ville de Paris. Entouré de la gloire de la France, nous venons y apporter le bonheur ; ce sera notre occupation constante jusqu'à notre dernier soupir : nos cœurs n'ont jamais cessé d'être français , et sont pleins de ces sentimens généreux qui font le caractère distinctif de notre brave et loyale nation. *Vivent les Français !* »

L'enthousiasme le plus vif s'est manifesté dans tous les quartiers de la capitale que S. A. R. a traversés. Lorsqu'elle a passé devant l'église de Saint-Roch, M. le curé de cette paroisse est venu lui offrir l'encens et l'eau bénite, et le clergé a entonné le *Te Deum*. MONSIEUR attendoit le prince son fils au château des Tuileries , et l'a tendrement serré dans ses bras, au moment où il descendoit de cheval. Cette scène touchante a fait une vive sensation sur tous les spectateurs. MONSIEUR paroissoit associer les Français à la joie qu'il éprouvoit. Les deux princes sont montés dans les appartemens au milieu des cris de *vive le Roi ! vivent Monsieur et Mgr. le duc de Berry !*

NOTES.

PREMIÈRE PARTIE.

DISCOURS ADRESSÉS A SON ALTESSE ROYALE.

1°. *Discours adressés à Son Altesse Royale pendant son séjour dans le département du Calvados.*

Discours adressés à S. A. R., par M. le Président du collége électoral du département du Calvados.

« MONSEIGNEUR,

» Un voile funèbre étoit tendu sur la France ; la race de nos Rois, proscrite et fugitive, étoit réduite à chercher sur des terres étrangères un asile et des espérances.

» Si nous osons, Monseigneur, retracer à V. A. R. ces souvenirs, que l'âme paternelle du Roi, celle des Princes et votre générosité se sont empressés d'effacer, c'est que vous daignez arrêter un moment votre pensée sur les peines et les dangers de tout genre que vos fidèles serviteurs ont éprouvés pendant ces jours de deuil et de calamité.

» Tout est changé, Monseigneur ; la main de Dieu a fait une justice dont nos cœurs sont pénétrés, mais dont

3.

il ne nous est pas donné d'expliquer la cause première, puisqu'elle vient de sa toute-puissance.

» Prince, aussi grand que généreux, daignez recevoir avec bonté l'hommage respectueux du collége électoral du Calvados ; daignez être aussi, près de S. M. Louis XVIII, l'interprète de nos sentimens ; donnez à ce monarque chéri la plus ferme assurance que la conservation de la dynastie a été, est, et sera toujours le vœu de notre département.

» Un empêchement, né de l'étendue des distances, n'a pas permis à tous les membres du college de se réunir en ce jour, mais nous garantissons la foi des fidèles Normands qui le composent. »

Caen , 17 avril 1814.

Discours adressé à S. A. R. par M. le premier Président de la Cour d'appel de Caen.

« MONSEIGNEUR,

» La Cour d'appel s'empresse de venir offrir à V. A. R. le tribut de son hommage, de son respect et de son dévouement, et vous témoigner la part qu'elle prend à l'allégresse générale que cause ici la présence de V. A. R.

» Elle vient en même temps réitérer devant vous l'adhésion qu'elle a donnée aux grandes mesures qui rappellent sur le trône l'illustre et ancienne maison de Bourbon.

» Tout nous promet que cette époque sera en même temps celle du retour de la paix et du bonheur public. »

S. A. R. a répondu à peu près en ces termes :

« Je suis sensible aux sentimens que la Cour d'appel vient d'exprimer ; j'espère qu'elle continuera à servir avec le zèle et la fidélité qu'elle a montrés. Le Roi ne songe plus qu'au bonheur du peuple : il est possible que vous le voyiez bientôt au milieu de vous ; vous serez en état d'en juger vous-mêmes. Ses sentimens sont partagés par tous les princes de sa maison. »

Discours adressé à S. A. R. par M. le Préfet du Calvados, en la recevant sur les confins du département.

« MONSEIGNEUR,

», En saluant V. A. R. dès les premiers pas qu'elle imprime sur la terre française, nous nous livrons à la vive émotion que nous cause sa présence ; au bonheur de voir la guerre s'éteindre sans que ces belles contrées en aient éprouvé le fléau ; à la reconnoissance la plus sentie envers le grand Prince qui a voulu venir lui-même nous annoncer que nos maux étoient finis.

» Venez, digne fils de Henri IV, venez parmi les enfans de Guillaume vous livrer aux premières et si douces impulsions du ciel de la patrie : ce sol est français; l'air qui nous environne est français; tous les cœurs qui volent au devant de vous, Monseigneur, ces guerriers, ces magistrats, ces vieillards, ces femmes, ces enfans, tout ce peuple, tout ce que vous voyez, tout ce qui vous presse est français. *Vive France ! vive Bourbon ! vive le Roi !*

» Nous retournons dans le sein d'un père, conduits par notre frère aîné. Quand il le faudra, nous revolerons aux combats, à la gloire dont les chemins nous sont si connus, guidés par son panache blanc et sa royale épée.

» Mais dans ces jours d'allégresse et de réconciliation avec le Monde entier et avec nous-mêmes, ne parlons que de la paix, repos des braves et premier bienfait des Bourbons. »

VIVE LE ROI !

Discours adressé à S. A. R. par M. le Maire de la ville de Caen.

« MONSEIGNEUR,

» Le corps municipal de la ville de Caen se félicite de

pouvoir exprimer à **V. A. R.** ses sentimens d'amour et de respect.

» Comment ne seroient-ils pas inaltérables , mon prince, lorsque votre auguste famille n'est rendue aux vœux des Français que pour effacer de longs malheurs , que pour faire succéder à des jours de guerres et de désastre, des jours de paix et de prospérité ; à des jours de vengeance et de proscription , l'oubli des haines et le pardon du passé ?

» Quand le petit-fils de saint Louis et de Henri IV, embrassant tous les intérêts de ses enfans., s'occupera sans relâche des moyens de rendre la nation heureuse, en donnant de l'énergie aux institutions religieuses, en régénérant le mode d'éducation publique, et le mettant à portée de toutes les classes de la société, en accordant au commerce l'indépendance dont il a besoin, en ramenant enfin la bonne foi dans toutes les transactions, par l'exemple même de celle qui présidera aux traités et aux moindres actes du gouvernement ;

» Quand, en retour de tant de bienfaits, les peuples sentiront de plus en plus le besoin d'aimer leur souverain, de lui rester fidèles jusqu'au dernier soupir , combien ne sera-t-il pas doux dans cette heureuse rivalité du monarque, qui veut tout pour la prospérité du peuple, et qui veut s'épuiser en reconnoissance et en amour pour son monarque, d'avoir près du trône, dans le sang même du souverain, un appui !

» Vous serez le nôtre, Monseigneur, vous direz à **S. M.** que son fidèle peuple de la ville de Caen, brûlant d'amour pour lui et pour son auguste famille, lui sera fidèle à la vie et à la mort. »

Vive le Roi !

Signé, Lentaigne de Logivière.

2°. *Discours adressés à Son Altesse Royale, à l'audience qu'elle a accordée, le 19 avril 1814, aux Autorités du département de la Seine-Inférieure.*

Discours adressé à S. A. R. par M. le premier Président de la Cour d'appel de Rouen.

« MONSEIGNEUR,

» Votre arrivée dans la capitale de l'antique Neustrie comble les vœux des habitans de cette grande et importante cité.

» La Cour d'appel de Rouen partage l'allégresse publique ; elle vient offrir à V. A. R. l'hommage des sentimens d'affection, de dévouement et de respect dont elle est pénétrée pour l'auguste famille des Bourbons.

» Aussitôt que les circonstances le lui ont permis, elle s'est empressée de manifester le vœu unanime de voir Louis-Stanislas-Xavier monter sur le trône de ses ancêtres.

» Son avènement à la couronne rend à la magistrature française la plus précieuse de ses prérogatives, l'indépendance....

» Elle ne doit connoître d'autre régulateur que la loi.

» En prêtant au Roi des Français le serment de fidélité, elle donne à S. M. un gage assuré que la justice sera rendue en son nom et selon ses désirs avec la plus grande exactitude et l'impartialité la plus scrupuleuse.

» Les vertus, qui sont l'apanage de votre illustre dynastie, Monseigneur, et surtout cette bonté, cette affabilité qui caractérisent V. A. R., lui gagnent tous les cœurs ; elles nous donnent l'espoir que vous daignerez être auprès de S. M. l'interprète des sentimens d'amour, de reconnoissance et de respect de sa Cour d'appel ; lui reporter le désir qu'elle ose concevoir 'd'offrir ses hommages à son Roi; de voir Louis XVIII témoin de la vive et tendre émotion qu'inspire à un peuple aimant et sensible la présence de son légitime souverain; d'admirer enfin dans sa personne le digne héritier des vertus de Louis XII et d'Henri IV. »

S. A. R. a daigné répondre qu'elle étoit sensible aux expressions des sentimens des habitans de Rouen; qu'elle apprécioit ceux des magistrats; que l'ordre judiciaire devoit être indépendant pour remplir le but de la loi, le bonheur des peuples; que S. A. R espéroit que bientôt la Cour d'appel pourroit être à portée d'offrir ses hommages à S. M.

Discours adressé à S. A. R. par M. le comte de Girardin, Préfet du département de la Seine-Inférieure.

« MONSEIGNEUR,

» La divine Providence a permis à la France, après avoir essayé de tous les gouvernemens, de se reposer enfin dans le sein de la monarchie. Ses malheurs ont commencé à l'époque où son Roi légitime a été abandonné par elle : elle le rappelle, et ses malheurs vont finir; elle se jette dans ses bras, comme l'enfant prodigue dans ceux de son père, et prouve, par ce retour à ses anciens maîtres, que les liens qui l'unissoient à eux n'ont jamais été entièrement rompus. Ils se sont effectivement conservés dans toutes les parties de ce beau royaume, et plus fortement encore dans les cœurs des braves et fidèles Normands que partout ailleurs. V. A. R. a pu en acquérir la preuve depuis le moment fortuné où elle a touché le sol français : sa présence en Normandie y excite l'enthousiasme et y réalise les espérances dont elle est le gage.

» Nous pouvons, Monseigneur, vous dire avec vérité que l'aurore du bonheur a lui pour nous le jour même où le dénoûment d'une nouvelle période de l'histoire romaine a laissé à l'histoire de France la possibilité de recommencer. »

S. A. R. a répondu : « Je suis touché des sentimens que vous m'exprimez. Ce que vous m'avez dit de l'enthousiasme qu'excite en Normandie le retour du Roi est d'autant plus vrai que, depuis que je suis entré dans cette province, j'en ai acquis les preuves les plus multipliées ; aussi ne manquerai-je pas de porter à la connoissance de S. M. les témoignages de respect et d'attachement qui lui ont été donnés dans cette circonstance par les braves et bons Normands. »

Discours adressé à S. A. R. par M. Héron-d'Agirône *, Secrétaire du Conseil-général du Département.*

« MONSEIGNEUR,

» Les membres du conseil-général de ce département sont tous Français ; ils n'ont jamais cessé de l'être. C'est assez vous peindre les sentimens que leur inspire l'auguste présence de V. A. R.

» Un descendant du bon Henri, un Bourbon au milieu de nous ! c'est l'arc de Dieu, garant du calme après la tempête ; c'est un ange de paix descendu sur la terre pour la consoler de ses trop longues souffrances.

» Aussi, Monseigneur, c'est dans l'effusion de la joie la plus pure que nous venons réitérer publiquement dans vos mains le serment que déjà, et depuis long-temps, nos cœurs avoient intérieurement prononcé : celui d'amour, de respect, de fidélité et d'obéissance à l'héritier légitime du trône, à notre Roi Louis XVIII. »

Discours adressé à S. A. R. par M. Boullanger, *Président du Tribunal de première instance.*

« MONSEIGNEUR,

» Les membres du tribunal de première instance de l'arrondissement communal de Rouen éprouvent la plus vive satisfaction d'être admis à présenter à **V. A. R.** l'hommage de leur respectueux dévouement.

» **V. A. R.** va enfin reprendre dans ce royaume, auprès de ses augustes parens, le rang que lui assigne sa naissance.

» Puisse-t-elle se rappeler de la ville de Rouen, comme d'une des cités de ce royaume dont les habitans sont le plus attachés à leurs devoirs, le plus respectueusement soumis à l'autorité de leurs princes, et être persuadée que ses magistrats n'oublieront jamais l'honneur qu'ils reçoivent aujourd'hui d'être admis à vous présenter leur respect ! »

S. A. S. a répondu : « Qu'elle recevoit avec plaisir les marques de dévouement du tribunal, et qu'elle se rappelleroit toujours avec plaisir la ville où elle les avoit reçues. »

Discours adressé à S. A. R., par **M. Dupont,** *Président du Tribunal de Commerce.*

« Monseigneur,

» Le tribunal de commerce ose présenter à **V. A. R.** l'hommage de son respect, et faire éclater tous les sentimens dont il est pénétré en voyant ses vœux comblés par le retour d'une dynastie que les cœurs vraiment français n'ont cessé de rappeler.

» La chambre de commerce, dont j'ai également l'honneur d'être l'organe, animée des mêmes sentimens de respect et d'attachement pour l'illustre famille des Bourbons, admire la Providence qui rend le bonheur à la France en la rétablissant sur un trône qui n'a pas cessé de lui appartenir.

» Cet heureux événement, qui rend la paix au Monde et assure le repos des peuples, ramènera la sécurité et l'aisance en faisant refleurir les colonies, le commerce et la navigation ; l'industrie , délivrée sous un gouvernement juste et protecteur de toutes les chances imprévues qui gênent ou arrêtent son essor , reprendra son activité : en attendant, les fileurs èt les fabricans, dont la situation actuelle est digne de l'intérêt de V. A. R. ; ont besoin d'être rassurés par des mesures provisoires et conservatrices : nous la supplions de prendre en considération, et d'honorer de son appui les observations que nous prenons la liberté de lui soumettre. »

S. A. R. a répondu : « Qu'au moyen d'une bonne constitution, les Français ne feroient qu'un faisceau autour du trône, d'où résulteroit le bonheur général ; et que, sous un Roi juste et bon, les arts et le commerce seroient florissans et trouveroient la liberté nécessaire à la prospérité publique. »

Discours adressé à S. A. R. par M. Delamarre, *Président du Tribunal des Douanes.*

« MONSEIGNEUR,

» Le tribunal ordinaire des douanes a l'honneur de présenter à V. A. R. l'hommage de son profond respect.

» La France est enfin parvenue à l'époque la plus heureuse qui va fixer ses destinées sous le règne de son légitime Souverain, et le bonheur et la gloire de la nation reposer sur des bases immuables. Une charte constitutionnelle désormais inviolable, un Roi sage et vertueux, vont assurer notre régénération politique.

» Prince chéri ! descendant de saint Louis et de Henri IV, daignez agréer l'expression de notre reconnoissance, de notre amour et de notre dévouement pour la personne sacrée de notre auguste souverain, et pour V. A. R., l'espoir et l'amour des Français. »

S. A. R. a répondu : « Qu'après vingt-cinq ans de malheurs, les Français alloient enfin retrouver le bonheur sous le gouvernement paternel de ses rois légitimes ; qu'elle étoit satisfaite des sentimens qui lui étoient exprimés par le tribunal des douanes, et qu'elle félicitoit tous les membres de l'ordre judiciaire de l'indépendance qui alloit leur être garantie dans l'exercice de leurs respectables fonctions.

Discours adressé à S. A. R., par M. le baron de la Martel, Maire de Rouen.

« MONSEIGNEUR,

» La ville de Rouen, toujours calme dans les orages, toujours l'asile des familles persécutées, revoit avec délices, dans son sein, un prince dont le nom est adoré en France.

» La maison loyale et généreuse des Bourbons remonte sur un trône que l'amour des peuples va rendre inébranlable. Avec elle va régner la paix.

» L'industrie et le travail vont rendre à une immense et fidèle population le bonheur et l'aisance dont elle sut si bien jouir ; la magistrature paternelle dont je suis revêtu n'aura plus à porter au pied du trône que les accens de la reconnoissance et de l'amour.

» Tel est l'avenir qui s'ouvre devant nous, Monseigneur ; je m'honore d'en être l'interprète ; et mes travaux pour le bien de cette grande cité sont payés par l'hommage que j'ai l'honneur de vous rendre aujourd'hui en son nom. »

Le Prince a répondu : « Je connois le bon esprit qu'a témoigné dans tous les temps la ville de Rouen ; je sais qu'elle a toujours été attachée à ses Princes légitimes, et le réfuge de toutes les personnes persécutées. Quant à vous-même, Monsieur, je sais ce que l'on doit à vos soins ; avec quelle sagesse vous avez maintenu la tranquillité dans cette grande ville, et le Roi en sera instruit.

La ville a fait une avance pour le paiement des troupes ; c'est une fort bonne action. »

Discours prononcé par M. de Fourcroy, Commissaire en chef de la Marine au Havre, membre de la légion. d'honneur.

« MONSEIGNEUR, MON PRINCE,

» Il n'est pas un point de la France qui ne désirât vivement le retour des Bourbons, la famille de ses Rois légitimes.

» Les côtes de Normandie ambitionnoient l'honneur de les recevoir au débarquement. Le port du Havre-de-Grace s'étoit flatté d'être le premier à jouir de la présence auguste de V. A. R.; il avoit usé pour cela de tous les moyens à sa disposition. Cherbourg a été plus heureux.

» La portion de la marine royale, dont j'ai le bonheur inappréciable d'être en ce moment l'interprète, renouvelle par mon organe, entre les mains de V. A. R., le serment de sa soumission absolue, de son amour sans bornes et de sa fidélité inaltérable pour la personne de S. M. Louis XVIII.

» Sous l'autorité paternelle de ce monarque chéri, le commerce va reprendre vie ; les sources de la félicité publique vont se rouvrir, et toutes les afflictions seront consolées.

» *Vive le Roi! vivent les Bourbons! vive Monseigneur le duc de Berry!* »

S. A. R. a répondu avec une grace et une bonté vraiment touchantes :

« Je reçois avec plaisir les expressions des sentimens de la marine pour son Roi.

» J'aime les marins, et je regrette que mon retour n'ait pas eu lieu sous notre pavillon.

» Le roi le désire pour lui-même, et j'espère que le vaisseau que j'ai fait partir de Cherbourg arrivera en Angleterre assez à temps pour y prendre S. M., et rapporter bientôt en France, dans la personne de notre monarque, le gage de la paix, du bonheur et de la prospérité du royaume. »

S. A. R. s'est ensuite entretenue familièrement quelques minutes avec M. de Fourcroy, commissaire-chef maritime ; avec M. Cocherel, capitaine de frégate, chef militaire, qui avoit été expédié du Havre le 12 de ce mois, à la rencontre de S. A. R., et qui avoit, ainsi que le sous-préfet de l'arrondissement du Havre, passé deux nuits à la mer dans la péniche parlementaire qu'il commandoit à cet effet ; et avec M. Clemansin, sous-commissaire de marine, chargé de l'administration du quartier de Rouen.

Discours adressé à S. A. R., par M. Delaporte-Lalanne, Recteur de l'Académie de Rouen.

« MONSEIGNEUR,

» V. A. R. vient dans nos murs faire briller à nos yeux l'aurore d'un jour dont elle a voulu par avance nous faire goûter les prémices. Que d'actions de graces n'avons-nous pas à lui rendre ! Nos magistrats viennent de lui en offrir l'hommage au nom de leurs administrés. Permettez, Monseigneur, aux dépositaires de l'instruction publique de porter aux pieds de V. A R. les vœux des élèves confiés à leurs soins. Tous les jours, témoins du feu qui les anime, nous sommes garans à V. A. R. qu'elle retrouveroit en eux cette noble ardeur, cet instinct de l'honneur, caractère distinctif de la nation, que ni la licence ni la servitude n'ont pû lui faire perdre, et à l'aide duquel, même dans ces temps déplorables, elle n'est pas restée sans gloire au milieu de l'Europe épouvantée de ses erreurs. A votre voix, Monseigneur, vous verriez les premiers rangs de cette jeunesse se rallier autour du panache d'Henri IV qui flotte sur la tête de V. A. R. Mais non, monseigneur, ce n'est pas vers ce but que doit être désormais dirigé l'élan de leurs jeunes âmes. V. A. R. se présente à nous comme une divinité tutélaire et bienfaisante ; vous venez ici déposer la lance et le bouclier, et, sous les traits d'un guerrier, planter parmi nous l'olivier de la paix. Notre jeunesse ne sera plus moissonnée dans sa fleur ; elle est rendue à toutes les affections douces, à tous les liens de famille, à toutes les professions libérales.

« Bonté divine ! que de changemens, que de prodiges opérés en un clin-d'œil par ta main puissante !

» Pardonnez, Monseigneur, à la vive émotion dont nous sommes saisis. Eh ! que pourrions-nous dire qui exprimât dignement les sentimens de respect, d'admiration et d'amour que nous inspire la présence de V. A. R. ! »

Le prince a répondu :

« Je partage, Monsieur, votre émotion au sujet du bonheur que promet à la France le retour du Roi. J'espère que cette jeunesse dont vous prenez soin ne sera plus moissonnée dans sa fleur. La France n'aura plus de guerre ; ou du moins, si elle est forcée d'en avoir encore, ce ne sera plus des guerres de destruction ni d'envahissement. Je vous engage à continuer d'élever cette jeunesse dans les bons principes que vous lui inspirez, et dont vous paroissez lui donner vous même l'exemple. »

Discours adressé à S. A. R. par M. Lebrument, *Président de la commission administrative des Hospices de Rouen.*

Monseigneur,

» Daignez accueillir avec bonté le respectueux hommage du dévouement sans borne des administrateurs des hospices.

» L'honneur qu'ils reçoivent aujourd'hui en se présentant devant un des Princes du sang royal qui va régner sur la France, est la récompense la plus flatteuse, pour eux, de leurs fonctions toujours pénibles, souvent dangereuses et jamais enviées.

» Leurs hospices, jadis l'asile de la pauvreté et de la vieillesse valétudinaire, se sont vus, par les malheurs des temps, transformés en hôpitaux militaires........ Mais n'attristons pas un aussi beau jour d'allégresse par le récit de nos malheurs.

» Le retour si désiré de l'auguste famille des Bourbons va nous rendre la paix et le bonheur, lorsque, ressaisie des rênes du gouvernement, elle aura pu rétablir l'ordre nécessaire dans les revenus de l'État; la piété, la bienfaisance sont des vertus innées dans les descendans de saint Louis, qui nous assurent leur protection pour des établissemens qu'ils ont créés, et qui sont toujours restés fidèles à leur institution. »

S. A. R., après s'être informée de l'état de la population de ces maisons, a répondu à MM. les administrateurs : « Qu'ils remplissoient des fonctions bien louables, qu'il connoissoit le cœur du Roi, et les assuroit de sa protection aussitôt qu'il pourroit répandre des bienfaits. »

Discours adressé à S. A. R. par M. Lamandé, Ingénieur en chef du Département.

« Monseigneur,

» Les ingénieurs du Roi, pour les ponts et chaussées du département de la Seine-Inférieure, viennent présenter à V. A. R. leurs respectueux hommages, et l'assurance de leur dévouement sans bornes au roi Louis XVIII, notre légitime souverain.

(49)

» Oui, Monseigneur, les élèves de Perronet (1)
n'ont pas cessé un seul instant de porter les Bourbons
dans leurs cœurs ; et nous ne pouvons voir sans des
transports de joie, d'enthousiasme, les dignes descendans de saint Louis, de Henri IV, de Louis XIV et
de notre bon roi Louis XVI.... Louis XVI ! monarque
vertueux que nous n'aurions pas eu à pleurer depuis
vingt-cinq ans, s'il n'eût pas tant aimé son peuple.

» Le retour de son auguste famille sèche nos larmes,
console du passé, et fait renaître les Français au bonheur. »

S. A. R. a répondu : « Vous venez d'exprimer les sentimens de tout bon Français. »

*Discours adressé à S. A. R. par M. Vitalis, Secrétaire-per-
pétuel de l'Académie pour les sciences, au nom de
l'Académie de Rouen.*

« MONSEIGNEUR ,

» C'est à l'un de vos illustres aïeux, c'est à Louis XV,
ce monarque chéri, auquel la nation française a donné
le doux nom de *Bien-Aimé*, que l'académie des sciences,
belles-lettres et arts de Rouen doit son existence et les
bases fondamentales de sa constitution.

» Le souvenir de ce bienfait signalé ajoute encore,
s'il est possible, à l'ardent amour que nous n'avons cessé
de porter, dans tous les temps, à l'auguste famille des
Bourbons, aux dignes héritiers de saint Louis et de
Henri IV.

» L'étude la plus importante pour l'homme civilisé,
est celle qui lui apprend à connoître ses devoirs et ses
obligations envers son légitime souverain ; aussi, Mon-

---

(1) M. Perronet, premier ingénieur du Roi, pour les ponts et
chaussées, a reçu de LL. MM. Louis XV et Louis XVI de grandes
marques d'estime et de bonté. Il étoit pénétré d'amour pour ses
Rois, et inspiroit les mêmes sentimens à ses élèves.

4

:seigneur, est-ce au sein des sociétés savantes que le chef du gouvernement peut être assuré de trouver les sujets les plus dévoués à sa personne.

» Monseigneur, l'Académie supplie V. A. R. de vouloir bien être, auprès du Roi Louis XVIII, l'interprète des sentimens de notre attachement sans bornes, de notre inviolable fidélité, et d'agréer le respectueux hommage qu'elle se félicite de pouvoir payer, dans cet heureux jour, aux éminentes qualités et aux vertus personnelles de V. A. R. »

Le prince a répondu : « Les sciences, les lettres et les arts ne fleurissent qu'à l'ombre de la paix : je viens vous annoncer ce bienfait, qui mettra l'Académie de Rouen à portée de rendre de nouveaux services aux manufactures et au commerce. »

DEUXIÈME PARTIE.

Liste des Personnes qui ont eu l'honneur de dîner avec Son Altesse Royale, à Rouen, le 19 avril 1814.

1. S. Em. le cardinal Cambacérès ;
2. S. Exc. le maréchal Jourdan ;
3. Le général Ledru ;
4. Le premier président ;
5. Le préfet ;
6. Le général de Stabenrath, commandant le département ;
7. M. de Gasville, sous-préfet de Rouen ;
8. M. le baron Lézurier de la Martel, maire de Rouen ;

9. M. le général Chabert ;
10. M. Dambrai ;
11. M. Dubourg, secrétaire-général ;
12. M. le chevalier de Brulard ;
13. M. le général Lorencez ;
14. M. le général Lemoine ;
15. M. de Slade, commandant la garde à cheval ;
16. M. le général Laroche.
17. M. de la Ferronaye,
18. M. de Nantouillet,   } gentilshommes attachés
19. M. de Mesnard   au Prince.
20. M. de Clermont,

M. Boullanger, président du conseil général, et M. Dupont, président du tribunal de commerce, avoient été aussi priés ; mais une erreur commise dans l'envoi des billets d'invitation a empêché qu'ils n'aient reçu à temps ceux qui leur étoient adressés.

TROISIÈME PARTIE.

COUPLETS COMPOSÉS A L'OCCASION DU PASSAGE DE SON ALTESSE ROYALE.

1°. *Couplets chantés à Caen.*

Couplets chantés à la réunion qui a eu lieu chez M. le Préfet du Département du Calvados, le 16 avril 1814, et qui a été honoré de la présence de S. A. R.

Le bon Henri
Fut amant de la gloire.

Vous le savez, champs d'Arques et d'Ivry ;
Mais dédaignant l'éclat de la victoire,
C'est dans les cœurs qu'il grava sa mémoire,
  Le bon Henri.

  Du bon Henri
 Fut sage l'espérance :
L'airain durable et le marbre ont péri ;
Mais nos enfans connoissent tous en France
Les traits chéris, la bonté, la vaillance
  Du bon Henri.

  Du bon Henri
 Un fils est sur la plage ;
Normands, courons ; oui, c'est lui, c'est Berry !
Prince adoré, reprends ton héritage,
Grave en nos cœurs une seconde image
  Du bon Henri.

  Vive le Roi !
 Ce cri sauve la France,
Sèche les pleurs et bannit tout effroi ;
Vive le Roi, doux cri de mon enfance,
Tout cède enfin à ta sainte éloquence,
  Vive le Roi !

Couplets chantés le 17, au théâtre de Caen, pendant la représentation à laquelle S. A. R. a daigné assister.

LE CRI DES FRANÇAIS.

Enfin il tombe, en frémissant,
Le cruel tyran de la France.
Il tombe, et chacun est content :
C'est le jour de la délivrance.
Reparoissez, fils de Henri,
Après une si longue absence ;
Et que l'on répète ce cri :
Vive, vive le Roi de France !

Français, dans ces horribles temps,
On a vu nos bouches rebelles
Prostituer un noble encens
A des idoles criminelles.
Mais à Louis, fils de Henri,
Nos cœurs juroient amour, constance ;
Ils soupiroient toujours ce cri :
Vive, vive le Roi de France !

Salut, famille de nos Rois,
Auteurs de notre délivrance ;
Au trône vous doublez vos droits
Quand vous venez sauver la France.
Ah ! pour Louis, fils de Henri,
Se vengeant par la bienfaisance,
Qui ne rediroit point ce cri :
Vive, vive le Roi de France !

A Monseigneur le Duc de Berry.

Et vous, l'orgueil des vrais Français,
Chevalier sans peur et sans tache,
Aux champs d'honneur, du Béarnais
Vous nous montrerez le panache.
Oui, nous suivrons, fils de Henri,
Cet étendard de la vaillance,
En poussant avec vous ce cri :
Vive le Roi ! vive la France !

Urbain GUILBERT, avocat.

Autres couplets chantés dans la même circonstance.

Air : *Charmante Gabrielle.*

Aux rives de la France
Les Bourbons descendus,
Ramènent l'espérance
Dans nos cœurs abattus ;

Du lis, que la tempête
N'a pu flétrir,
Pour eux la noble tête
Va refleurir.

Assez long-temps l'orage
Nous battit de ses coups,
Le soleil sans nuage
Va se lever pour nous.
Un peuple qui t'adore,
Dans ton retour
Voit la riante aurore
De ce beau jour.

Redis à notre père,
De ses braves Normands
L'allégresse sincère
Et les transports touchans :
A sa voix la patrie,
Séchant ses pleurs,
En un instant oublie
Ses longs malheurs.

Par M. D. L. T.

2°. Couplets chantés à Rouen.

Couplets adressés à S. A. R., au théâtre de Rouen, dans la pièce des Deux Jaloux, *par madame Lanoue, artiste de ce théâtre, chargée du rôle de* Fanchette, *dans la représentation du 19 avril, et qui les a chantés avec infiniment de grâce et d'expression.*

O vous ! d'une tige chérie
Auguste et noble rejeton,
Contemplez la foule attendrie,
Heureuse de voir un BOURBON.

Rouen, au nom de la province,
Fait entendre ce cri du cœur :
Vive LOUIS ! vive le Prince !....
Sauf vot' bon plaisir, Monseigneur.

Au Roi, que nos vœux appelèrent,
Daignez peindre nos sentimens ;
Dites-lui comme le révèrent
Ses bons, ses fidèles Normands ;
Que pour lui notre amour extrême
Est aussi pur que son grand cœur ;
Que nous l'aimons.... comme vous-même....
Sauf vot' bon plaisir, Monseigneur.

Par M. G.....

*Autres couplets chantés à la même représentation, à la suite
de la Partie de Chasse de Henri IV, par M. Fleuriet,
artiste de ce théâtre, chargé du rôle de Michau, qu'il a
joué avec une rondeur et une vérité parfaites. -*

Air : *Vive Henri IV !*

AUGUSTE race,
Noble sang de nos Rois,
Reprends la place
Que t'assignent tes droits,
Et que le Ciel fasse
Régner tes douces lois !

Bonheur suprême !
Nous reverrons Henri ;
Et déjà même
N'entends-je pas le cri
De *vive Angoulême !*
Vive, vive Berry !

Non, plus de guerre,
Les Bourbons l'ont promis.

Ah ! de la terre
Les maux sont donc finis !
Et l'Europe entière
N'est qu'un peuple d'amis.

Que sur la France (1),
Heureuse désormais,
La Providence
Répande ses bienfaits,
Et que l'abondance
Renaisse avec la paix !

Vingt ans d'orage
Ont frappé ce pays ;
Malgré sa rage,
Je vois fleurir les lis.
Le Ciel se dégage
A l'aspect de LOUIS.

Jurons ensemble
D'obéir à sa loi ;
Qui lui ressemble
Mérite notre foi ;
Crions tous ensemble :
Vive, vive le Roi !

Par M. L....

Autres couplets composés à l'occasion de l'arrivée de S. A. R.

IL est temps qu'un fer destructeur
Cesse d'ensanglanter la terre :
O Mars ! ô dieu de la fureur !
Ton règne est celui du malheur :
Il faut qu'à l'effroyable guerre
Succède un repos enchanteur.

---

(1) S. A. R. a fait redemander ce couplet, qu'elle a vivement
applaudi.

O paix ! ô paix chérie !
Ramène le bonheur   } *bis.*
Au sein de ma patrie.

Quoi ! ne désirions-nous pas tous
Epargner le sang de tant d'hommes ?
N'être plus rivaux ni jaloux ?
Pour finir un trop long courroux,
Aimons-nous tous tant que nous sommes,
C'est le sentiment le plus doux.
    O paix ! etc.

Braves guerriers dont la valeur
Sera toujours chère à la France ;
Nobles enfans, fils de l'honneur,
Déposez pour notre bonheur
Les instrumens de la vengeance ;
Avec nous chantez tous en chœur :
    O paix ! etc.

Louis vers vous porte ses pas ;
Des Bourbons l'auguste couronne
S'embellira de ces soldats
Aguerris par tant de combats.
Vous serez l'appui de son trône,
Allons, volons tous dans ses bras.
  Râce, race chérie,
  Ramène le bonheur   } *bis.*
  Au sein de ma patrie.

Sang des héros, fils de Henri,
Que ta présence nous est chère ;
C'est aux champs d'Arques et d'Ivry
Que les Normands, brave Berry,
Ont appris, en fêtant ton père,
A chanter ce refrain chéri ;
  Râce, race chérie, etc.

Couplets populaires composés pour la même circonstance.

Hommage des habitans du quartier Martainville à S. A. R. Mgr. le Duc de Berry.

Air : *Eh ! gai, gai, mon officier.*

Eh ! gai, gai, d'un Princ'chéri
    L'arrivée
    Désirée,
De tous les cœurs fait v'nir ce cri :
    Vive l'Duc de Berry ! .

  - Quoiqu'on soit d'Martainville
  On est tout d'même auteur ;
  Ça n'est pas difficile
  Quand on chante du cœur :
Eh ! gai, gai, etc.

  D'un Roi cher à la France
  Je désirons le r'tour ;
  Chargeons l'Duc à l'avance
  D'li porter not' amour.
Eh ! gai, gai, etc.

  Je n'irons plus combattre,
  Et je pourrons bientôt
  Comme sous Henri IV
  Mettre la poule au pot.
Eh ! gai, gai, etc.

  J'ons r'marqué la figure
  De c'bon Duc de Berry,
  C'est la vivant' peinture
  De notre grand Henri.
Eh ! gai, gai, etc.

Que dans tout' la Province ,
Les Normands réjouis ,
Chantent vive le Prince !
Les Bourbons et Louis !

Eh ! gai, gai, etc.

FIN.